《企业会计准则第7号
——非货币性资产交换》
应用指南
2019

财政部会计司编写组 编著

中国财经出版传媒集团
中国财政经济出版社

图书在版编目（CIP）数据

《企业会计准则第7号——非货币性资产交换》应用指南.2019/财政部会计司编写组编著. --北京：中国财政经济出版社，2020.4
ISBN 978-7-5095-9703-3

Ⅰ.①企… Ⅱ.①财… Ⅲ.①企业-会计准则-中国-指南
Ⅳ.①F279.23-62

中国版本图书馆 CIP 数据核字（2020）第 040831 号

责任编辑：宋学军　　　　　责任校对：张　凡
封面设计：王　颖

中国财政经济出版社 出版

URL：http://www.cfeac.com
E-mail：cfeac@cfemg.cn

（版权所有　翻印必究）

社址：北京市海淀区阜成路甲28号　邮政编码：100142
营销中心电话：010-88191522
天猫网店：中国财政经济出版社旗舰店
http://zgczjjcbs.tmall.com
北京中兴印刷有限公司印刷　各地新华书店经销
787×1092毫米　16开　3.5印张　40 000字
2020年4月第1版　2020年4月北京第1次印刷
定价：12.00元
ISBN 978-7-5095-9703-3
（图书出现印装问题，本社负责调换）
本社质量投诉电话：010-88190744
打击盗版举报热线：010-88191661、QQ：2242791300

目　录

一、**总体要求** / 1

二、**关于非货币性资产交换的定义** / 2

三、**关于适用范围** / 3
　　（一）适用其他会计准则的非货币性资产交换 / 3
　　（二）涉及非货币性资产但不属于本准则规范范围的情形 / 4

四、**关于非货币性资产交换的确认** / 6
　　（一）非货币性资产交换的确认原则 / 6
　　（二）换入资产的确认时点与换出资产的终止确认时点存在
　　　　不一致的情形 / 7

五、**关于非货币性资产交换的计量** / 8
　　（一）非货币性资产交换的计量原则 / 8
　　（二）商业实质的判断 / 8

六、**关于以公允价值为基础计量** / 13
　　（一）会计处理原则 / 13
　　（二）涉及补价的情形 / 18
　　（三）涉及换入多项资产或换出多项资产的情形 / 21

七、关于以账面价值为基础计量 / 30
    （一）会计处理原则 / 30
    （二）涉及补价的情形 / 31
    （三）涉及换入多项资产或换出多项资产的情形 / 31

八、关于非货币性资产交换的披露 / 35

九、关于新旧准则的衔接规定 / 36

附录一 企业会计准则第7号——非货币性资产交换 / 37
附录二 《企业会计准则第7号——非货币性资产交换》
        修订说明 / 44

一、总体要求

《企业会计准则第 7 号——非货币性资产交换》（以下简称本准则）规范了非货币性资产交换的确认、计量和相关信息的披露。企业应当按照本准则的要求对本准则适用范围内的非货币性资产交换进行会计处理。

本准则明确了非货币性资产交换的定义。非货币性资产交换，是指企业主要以固定资产、无形资产、投资性房地产和长期股权投资等非货币性资产进行的交换。该交换不涉及或只涉及少量的货币性资产（即补价）。

本准则明确了非货币性资产交换中换入资产的确认时点和换出资产的终止确认时点，即换入资产应当在换入资产符合资产定义并满足资产确认条件时予以确认，换出资产应当在换出资产满足资产终止确认条件时终止确认。

本准则规定，非货币性资产交换同时满足具有商业实质、且换入资产或换出资产的公允价值能够可靠地计量这两个条件的，应当以公允价值为基础计量，否则应当以账面价值为基础计量。其中，以公允价值为基础计量时，换入资产和换出资产的公允价值均能够可靠计量的，应当以换出资产的公允价值为基础计量，但有确凿证据表明换入资产的公允价值更加可靠的除外。同时，本准则明确了非货币性资产交换具有商业实质需要满足的条件。

本准则对非货币性资产交换中换入资产和换出资产的会计处理原则作出了规定，还对涉及补价、同时换入或换出多项资产等情形的会计处理作出规定。

二、关于非货币性资产交换的定义

非货币性资产交换，是指企业主要以固定资产、无形资产、投资性房地产和长期股权投资等非货币性资产进行的交换。该交换不涉及或只涉及少量的货币性资产（即补价）。

非货币性资产是相对于货币性资产而言的。货币性资产，是指企业持有的货币资金和收取固定或可确定金额的货币资金的权利，包括库存现金、银行存款、应收账款和应收票据等。非货币性资产，是指货币性资产以外的资产，如存货（原材料、包装物、低值易耗品、库存商品等）、固定资产、在建工程、生产性生物资产、无形资产、投资性房地产、长期股权投资等。

通常情况下，交易双方对于某项交易是否为非货币性资产交换的判断是一致的。需要注意的是，企业应从自身的角度，根据交易的实质判断相关交易是否属于本准则定义的非货币性资产交换。例如，投资方以一项固定资产出资取得对被投资方的权益性投资，对投资方来说，换出资产为固定资产，换入资产为长期股权投资，属于非货币性资产交换；对被投资方来说，则属于接受权益性投资，不属于非货币性资产交换。

非货币性资产交换一般不涉及货币性资产，或只涉及少量货币性资产，即补价。判断涉及少量货币性资产的交换是否为非货币性资产交换时，通常以补价占整个资产交换金额的比例是否低于25%作为参考比例。支付的货币性资产占换出资产公允价值与支付的货币性资产之和（或占换入资产公允价值）的比例、或者收到的货币性资产占换出资产公允价值（或占换入资产公允价值和收到的货币性资产之和）的比例低于25%的，视为非货币性资产交换；高于25%（含25%）的，不视为非货币性资产交换。

三、关于适用范围

企业对于符合本准则非货币性资产交换定义和适用范围的交易，应当按照本准则的要求进行会计处理。

（一）适用其他会计准则的非货币性资产交换

本准则适用于所有非货币性资产交换，但下列各项适用其他相关会计准则：

1. 企业以存货换取客户的非货币性资产的，相关收入的会计处理适用《企业会计准则第14号——收入》。《企业会计准则第14号——收入》对企业因转让存货取得非现金对价情形的会计处理作出了规范。

2. 非货币性资产交换中涉及企业合并的，适用《企业会计准则第20号——企业合并》《企业会计准则第2号——长期股权投资》和《企业会计准则第33号——合并财务报表》。

3. 非货币性资产交换中涉及由《企业会计准则第22号——金融工具确认和计量》规范的金融资产的，金融资产的确认、终止确认和计量适用《企业会计准则第22号——金融工具确认和计量》和《企业会计准则第23号——金融资产转移》。

4. 非货币性资产交换中涉及由《企业会计准则第21号——租赁》规范的使用权资产或应收融资租赁款等的，相关资产的确认、终止确认和计量适用《企业会计准则第21号——租赁》。

5. 非货币性资产交换构成权益性交易的，应当适用权益性交易的有关会计处理规定。企业应当遵循实质重于形式的原则判断非货币性资产交换是否构成权益性交易。主要包括以下情形：（1）非货币性资产交换的一方直接或间接对另一方持股且以股东身份进行交易；（2）非货币性资产交换的双方均受同一方或相同的多方最终控制,且该非货币性资产交换的交易实质是交换的一方向另一方进行了权益性分配或交换的一方接受了另一方权益性投入。例如,集团重组中发生的非货币性资产划拨、划转行为,在股东或最终控制方的安排下,企业无代价或以明显不公平的代价将非货币性资产转让给其他企业或接受其他企业的非货币性资产,该类转让的实质是企业进行了权益性分配或接受了权益性投入,不适用本准则,应当适用权益性交易会计处理的有关规定。

(二)涉及非货币性资产但不属于本准则规范范围的情形

实务中,某些交易和事项虽涉及非货币性资产,但不属于本准则规范的非货币性资产交换,适用其他相关会计准则的规定,包括但不限于以下情形:

1. 企业从政府无偿取得非货币性资产(比如,企业从政府无偿取得土地使用权等)的,适用《企业会计准则第16号——政府补助》。

2. 企业将非流动资产或处置组分配给所有者的,适用《企业会计准则第42号——持有待售的非流动资产、处置组和终止经营》。

3. 企业以非货币性资产向职工发放非货币性福利的,适用《企业会计准则第9号——职工薪酬》。

4. 企业以发行股票方式取得非货币性资产的,相当于以权益工具结算买入非货币性资产,适用其他相关会计准则。

5. 企业用于交换的资产目前尚不存在或尚不属于本企业的,适用其他相关会计准则。根据本准则的规定,企业用于非货币性资产交换的非货币性资产应当符合资产的定义并满足资产的确认条件,且作为资产列报于企业的资产负债表上。企业用于交换的资产目前尚不存在或尚不属于本企业的情形,不属于本准则规范的非货币性资产交换。例如，甲企业从乙企业取得一项土地使用权，承诺未来 3 年内在该地块上建造写字楼，并待写字楼建造完成后向乙企业交付一幢写字楼，在这种情形下，由于甲企业用于交换的建筑物尚不存在，因此无论对甲企业还是乙企业而言，该交易不属于本准则规范的非货币性资产交换。

四、关于非货币性资产交换的确认

(一) 非货币性资产交换的确认原则

本准则规定了非货币性资产交换中换入资产的确认原则和换出资产的终止确认原则:换入资产应当在其符合资产定义并满足资产确认条件时予以确认;换出资产应当在其满足资产终止确认条件时终止确认。

根据上述原则,对于非货币性资产交换,企业将换入的资产视为购买取得资产,并按照相关会计准则的规定进行初始确认;将换出的资产视为销售或处置资产,并按照相关会计准则的规定进行终止确认。例如,某企业在非货币性资产交换中的换入资产和换出资产均为固定资产,按照《企业会计准则第4号——固定资产》和《企业会计准则第14号——收入》的规定,换入的固定资产应当在与该固定资产有关的经济利益很可能流入企业,且成本能够可靠地计量时确认;换出的固定资产应当以交换对方(即换入企业)取得该固定资产控制权时点作为处置时点终止确认。又如,在非货币性资产交换交易中,如果换入资产为对联营企业的长期股权投资,按照《企业会计准则第2号——长期股权投资》的规定,企业应当在能够对被投资单位实施重大影响时确认该换入的长期股权投资;如果换出资产为对联营企业的长期股权投资,企业应当在处置长期股权投资时点区分处置是否使企业丧失对被投资单位的重大影响,分别按照《企业会计准则第22号——金融工具确认和计量》或《企业会计准则第2号——长期股权投资》的规定进行会计处理。

（二）换入资产的确认时点与换出资产的终止确认时点存在不一致的情形

根据本准则的规定，非货币性资产交换中的资产应当符合资产的定义并满足资产的确认条件，且作为资产列报于企业的资产负债表上。通常情况下，换入资产的确认时点与换出资产的终止确认时点应当相同或相近，也就是说，作为非货币性资产交换的一方，企业取得换入资产的时点与其销售或处置换出资产的时点应当相同或相近。

实务中，由于资产控制权转移所必须的运输或转移程序等方面的原因（如资产运输至对方地点所需的合理运输时间、办理股权或房产过户手续等），可能导致换入资产满足确认条件的时点与换出资产满足终止确认条件的时点存在短暂不一致，企业可以按照重要性原则，在换入资产满足确认条件和换出资产满足终止确认条件孰晚的时点进行会计处理。在换入资产的确认时点与换出资产的终止确认时点存在不一致的情形下，在资产负债表日，企业应当按照本准则规定的下列原则进行会计处理：换入资产满足资产确认条件，换出资产尚未满足终止确认条件的，在确认换入资产的同时将交付换出资产的义务确认为一项负债，如其他应付款；换入资产尚未满足资产确认条件，换出资产满足终止确认条件的，在终止确认换出资产的同时将取得换入资产的权利确认为一项资产，如其他应收款。

五、关于非货币性资产交换的计量

(一) 非货币性资产交换的计量原则

本准则规定,非货币性资产交换同时满足下列条件的,应当以公允价值为基础计量:(1) 该项交换具有商业实质;(2) 换入资产或换出资产的公允价值能够可靠地计量。不满足上述条件的非货币性资产交换,应当以账面价值为基础计量。

根据这一规定,本准则对非货币性资产交换的计量规定了两种计量原则:一是以公允价值为基础计量的非货币性资产交换,企业应当以换出资产的公允价值为基础确定换入资产的成本,换出资产的公允价值与其账面价值之间的差额计入当期损益,但换出资产的公允价值不能可靠地计量或有确凿证据表明换入资产的公允价值更加可靠的,企业应当以换入资产的公允价值为基础确定换入资产的初始计量金额,换入资产的公允价值与换出资产账面价值之间的差额计入当期损益。二是以账面价值为基础计量的非货币性资产交换,企业应当以换出资产的账面价值为基础确定换入资产的初始计量金额,换出资产终止确认时不确认损益。

(二) 商业实质的判断

根据本准则的规定,满足下列条件之一的非货币性资产交换具有商业实质:(1) 换入资产的未来现金流量在风险、时间分布或金额方面与换出资产显著不同。(2) 使用换入资产所产生的预计未来现金流量现值与继续使用换出资产所产生的预计未来现金流量现值不同,且其差额与换入资产和换出资产的公允价值相比是重大的。

在判断资产交换是否具有商业实质时,企业应当重点考虑由于发生了该项资产交换预计使企业未来现金流量发生变动的程度。只有当换入资产的未来现金流量和换出资产的未来现金流量相比发生较大变化，或使用换入资产进行经营和继续使用换出资产进行经营所产生的预计未来现金流量现值之间的差额较大时，才表明该交易的发生使企业经济状况发生了明显改变，交换才因而具有商业实质。企业应当根据本准则的规定，遵循实质重于形式的原则，判断非货币性资产交换是否具有商业实质。

1. 判断条件。

（1）换入资产的未来现金流量在风险、时间分布或金额方面与换出资产显著不同。

企业应当对比考虑换入资产与换出资产的未来现金流量在风险、时间或金额的三个方面，对非货币性资产交换是否具有商业实质进行综合判断。通常情况下，只要换入资产和换出资产的未来现金流量在风险、时间或金额中的某个方面存在显著不同，即表明满足商业实质的判断条件。

例如，企业以一项生产用的设备换入一批存货，设备作为固定资产要在较长的时间内为企业带来现金流量，而存货流动性强，能够在较短的时间内产生现金流量。两者产生现金流量的时间相差较大，即使假定两者产生未来现金流量的风险和总额均相同，可以认为上述固定资产与存货的未来现金流量显著不同，因而交换具有商业实质。

又如，甲企业以其用于经营出租的一幢公寓楼，与乙企业同样用于经营出租的一幢公寓楼进行交换，两幢公寓楼的租期、每期租金总额均相同，但是甲企业的公寓楼是租给一家财务及信用状况良好的知名上市公司作为职工宿舍，乙企业的公寓楼则是租给多个个人租户。相比较而言，甲企业无法取得租金的风险较小，乙企业取得租金依赖于各个个人租户的财务和信用状况，两者现金流量流入的风险或不确定性程度存在明显差异，可以认为两幢公寓楼的未来现金流量显著不同，因而交换具有商业实质。

（2）使用换入资产所产生的预计未来现金流量现值与继续使用换出资产所产生的预计未来现金流量现值不同，且其差额与换入资产和换出资产的公允价值相比是重大的。

企业如果按照上述第（1）项判断条件难以判断非货币性资产交换是否具有商业实质，可以按照第（2）项条件，分别计算使用换入资产进行相关经营的预计未来现金流量现值和继续使用换出资产进行相关经营的预计未来现金流量现值，通过二者比较进行判断。企业在计算预计未来现金流量现值时，应当按照资产在企业自身持续使用过程和最终处置时预计产生的税后未来现金流量（使用企业自身的所得税税率），根据企业自身而不是市场参与者对资产特定风险的评价，选择恰当的折现率对预计未来现金流量折现后的金额加以确定，以体现资产对企业自身的特定价值。

从市场参与者的角度分析，换入资产和换出资产的未来现金流量在风险、时间或金额方面可能相同或相似。但是对于企业自身而言，鉴于换入资产的性质和换入企业经营活动的特征等因素，换入资产与换入企业其他现有资产相结合，能够比换出资产发挥更大的作用，使换入企业受该换入资产影响的经营活动部分产生的现金流量与换出资产明显不同，进而使用换入资产进行相关经营的预计未来现金流量现值与继续使用换出资产进行相关经营的预计未来现金流量现值存在重大差异，当其差额与换入资产和换出资产的公允价值相比是重大的，则表明交换具有商业实质。例如，甲企业以持有的某非上市公司A企业的10%股权换入乙企业拥有的一项专利权。假定从市场参与者的角度来看，该股权与该项专利权的公允价值相同，两项资产未来现金流量的风险、时间和金额亦相似。通过第（1）项判断条件难以得出交易是否具有商业实质的结论。根据第

(2) 项判断条件,对换入专利权的甲企业来说,该项专利权能够解决其生产中的技术难题,使其未来的生产产量成倍增长,从而产生的预计未来现金流量现值与换出的股权投资有较大差异,且其差额与换入资产和换出资产的公允价值相比是重大的,因而认为该交换具有商业实质。对换入股权的乙企业来说,其取得甲公司换出的 A 企业 10% 股权后,对 A 企业的投资关系由重大影响变为控制,从而产生的预计未来现金流量现值与换出的专利权有较大差异,且其差额与换入资产和换出资产的公允价值相比也是重大的,因而可认为该交换具有商业实质。

2. 判断商业实质时对资产类别的考虑。

企业在判断非货币性资产交换是否具有商业实质时,通常还可以考虑资产是否属于同一类别来进行分析。同类别的资产是指在资产负债表中列示为同一报表项目的资产;不同类别的资产是指在资产负债表中列示为不同报表项目的资产,例如存货、固定资产、无形资产、投资性房地产、长期股权投资等都是不同类别的非货币性资产。一般来说,不同类别的非货币性资产产生经济利益的方式不同,其产生的未来现金流量在风险、时间或金额方面也很可能不相同。不同类别非货币性资产之间的交换(如存货和固定资产之间的交换、固定资产和长期股权投资之间的交换等)是否具有商业实质,通常较易判断;而同类别非货币性资产之间的交换(如存货之间、固定资产之间、长期股权投资之间的交换等)是否具有商业实质,则通常较难判断,需要根据上述两项判断条件综合判断。

例如,企业将一项用于出租的投资性房地产,与另一企业的厂房进行交换,换入的厂房作为自用固定资产,属于不同类别的非货币性资产之间的交换。在该交换交易下,换出的投资性房地产的未来现金流量为每期的租金,换入的固定资产的未来现金流量为该厂房独立产生、或包括该厂房的资产组协同产生的现金流量。通常情况下，由定期租金带来的现金流量与用于生产经营的固定资产产生的现金流量在风险、时间或金额方面显著不同，因而两项资产的交换具有商业实质。

再如，企业将其拥有的一幢建筑物，与另一企业拥有的在同一地点的另一幢建筑物进行交换，两幢建筑物的建造时间、建造成本等均相同，属于同类别的非货币性资产之间的交换。在该交换交易下，两幢建筑物未来现金流量的风险、时间和金额可能相同，也可能不同。如果其中一幢建筑物可以立即出售，企业管理层也打算将其立即出售，而另一幢建筑物难以出售或只能在一段较长的时间内出售，则可以表明两项资产未来现金流量的风险、时间或金额显著不同，因而这两项资产的交换具有商业实质。

此外，需要说明的是，从事相同经营业务的企业之间相互交换具有类似性质和相等价值的商品，以便在不同地区销售，这种同类别的非货币性资产之间的交换不具有商业实质。实务中，这种交换通常发生在某些特定商品上，常见的例子如石油或牛奶等。

六、关于以公允价值为基础计量

根据本准则的规定，非货币性资产交换具有商业实质，且换入资产或换出资产的公允价值能够可靠地计量的，企业应当以公允价值为基础计量。实务中，企业在进行非货币性资产交换时，相关换入资产或换出资产的公允价值通常会在合同中约定；对于合同中没有约定的，应当按照合同开始日（合同生效日）的公允价值确定。

本准则规定，换入资产和换出资产的公允价值均能够可靠计量的，应当以换出资产的公允价值为基础计量，但有确凿证据表明换入资产的公允价值更加可靠的除外，即换出资产的公允价值不能够可靠计量，或换入资产和换出资产的公允价值均能够可靠计量但有确凿证据表明换入资产的公允价值更加可靠的，应当以换入资产的公允价值为基础计量。

对于非货币资产交换中换入资产和换出资产的公允价值均能够可靠计量的情形，企业在判断是否有确凿证据表明换入资产的公允价值更加可靠时，应当考虑确定公允价值所使用的输入值层次，企业可以参考以下情况：第一层次输入值为公允价值提供了最可靠的证据，第二层次直接或间接可观察的输入值比第三层次不可观察输入值为公允价值提供更确凿的证据。对于换入资产和换出资产的公允价值所使用的输入值层次相同的，企业应当以换出资产的公允价值为基础计量。实务中，在考虑了补价因素的调整后，正常交易中换入资产的公允价值和换出资产的公允价值通常是一致的。

（一）会计处理原则

根据本准则的规定，以公允价值为基础计量的非货币性资产交换中，换入资产和换出资产的计量分别按下列原则进行会计处理：

1. 对于换入资产,应当以换出资产的公允价值和应支付的相关税费作为换入资产的成本进行初始计量。换出资产的公允价值不能够可靠计量,或换入资产和换出资产的公允价值均能够可靠计量但有确凿证据表明换入资产的公允价值更加可靠的,应当以换入资产的公允价值和应支付的相关税费作为换入资产的初始计量金额。

其中,计入换入资产的应支付的相关税费应当符合相关会计准则对资产初始计量成本的规定。例如,换入资产为存货的,包括相关税费、使该资产达到目前场所和状态所发生的运输费、装卸费、保险费以及可归属于该资产的其他成本;换入资产为长期股权投资的,包括与取得该资产直接相关的费用、税金和其他必要支出;换入资产为投资性房地产的,包括相关税费和可直接归属于该资产的其他支出;换入资产为固定资产的,包括相关税费、使该资产达到预定可使用状态前所发生的可归属于该资产的运输费、装卸费、安装费和专业人员服务费等;换入资产为生产性生物资产的,包括相关税费、运输费、保险费以及可直接归属于该资产的其他支出;换入资产为无形资产的,包括相关税费以及直接归属于使该资产达到预定用途所发生的其他支出。上述税费均不包括准予从增值税销项税额中抵扣的进项税额。

2. 对于换出资产,应当在终止确认时,将换出资产的公允价值与其账面价值之间的差额计入当期损益。换出资产的公允价值不能够可靠计量,或换入资产和换出资产的公允价值均能够可靠计量但有确凿证据表明换入资产的公允价值更加可靠的,应当在终止确认时,将换入资产的公允价值与换出资产账面价值之间的差额计入当期损益。

其中,计入当期损益的会计处理视换出资产类别的不同而有所区别:(1)换出资产为固定资产、在建工程、生产性生物资产和无形资产的,计入当期损益的部分通过"资产处置损益"科目核算,在利润表"资产处置收益"项目中列示;(2)换出资产为投资性房地产的,按换出资产公允价值或换入资产公允价值确认其他业务收入,按换出资产账面价值结转其他业务成本,二者之间的差额计入当期损益,二者分别在利润表"营业收入"和"营业成本"项目中列示;(3)换出资产为长期股权投资的,计入当期损益的部分通过"投资收益"科目核算,在利润表"投资收益"项目中列示。

【例1】甲公司和乙家具制造公司均为增值税一般纳税人,适用的增值税税率均为13%。经协商,甲公司与乙公司于2×20年1月30日签订资产交换合同,当日生效。合同约定,甲公司以生产经营过程中使用的一台设备与乙公司生产的一批办公家具进行交换,用于交换的设备和办公家具当日的公允价值均为7.5万元。合同签订日即交换日,甲公司设备的账面价值为7.4万元(其中账面原价为10万元,已计提折旧2.6万元);乙公司办公家具的账面价值为7万元。甲公司将换入的办公家具作为固定资产使用和管理;乙公司将换入的设备作为固定资产使用和管理。甲公司和乙公司开具的增值税专用发票注明的计税价格均为7.5万元,增值税额9 750元。交易过程中,甲公司以银行存款支付设备清理费用1 500元。

假设甲公司和乙公司此前均未对上述资产计提减值准备。整个交易过程中未发生除增值税以外的其他税费。

分析:本例中,对甲公司来说,整个资产交换过程没有涉及收付货币性资产,交换的资产为办公家具和设备,属于非货币性资产交换。

对甲公司来说,换入的办公家具虽然也作为固定资产使用和管理,但其未来现金流量是通过员工的使用来实现,而换出的设备的未来现金流量是通过生产产品并对外销售而产生,二者产生的现金流量在风险、时间和金额方面存在明显差异,因而交换具有商业实质。同时,两项资产的公允价值都能够可靠地计量,符合以公允价值为基础计量的条件。假设没有确凿证据表明换入资产的公允价值更加可靠，按照本准则的规定，甲公司以换出资产的公允价值为基础确定换入资产的成本，并确认换出资产产生的损益。

甲公司的账务处理如下：

借：固定资产清理　　　　　　　　　　　　　　85 250
　　累计折旧　　　　　　　　　　　　　　　　26 000
　　贷：固定资产——设备　　　　　　　　　　100 000
　　　　银行存款　　　　　　　　　　　　　　1 500
　　　　应交税费——应交增值税（销项税额）　9 750

借：固定资产——办公家具　　　　　　　　　　75 000
　　应交税费——应交增值税（进项税额）　　　9 750
　　资产处置损益　　　　　　　　　　　　　　500
　　贷：固定资产清理　　　　　　　　　　　　85 250

对乙公司来说，相关收入应当按照《企业会计准则第 14 号——收入》的相关规定进行会计处理。假定换出存货的交易符合该准则规定的收入确认条件。

乙公司的账务处理如下：

借：固定资产——设备　　　　　　　　　　　　75 000
　　应交税费——应交增值税（进项税额）　　　9 750
　　贷：主营业务收入　　　　　　　　　　　　75 000
　　　　应交税费——应交增值税（销项税额）　9 750

同时，乙公司还应将换出存货的成本结转为当期营业成本。

【例2】2×20 年 6 月 15 日，甲冰箱制造公司为了提高产品质量，需要乙公司的一项专利权。经协商，甲公司与乙公司签订合同，甲公司以其持有的对其联营企业丙公司的 20% 股权作为对价购买乙公司的专利权。合同开始日，甲公司长期股权投资和乙公司专利权的公允价值均为 650 万元。专利权的过户手续于 2×20 年 6 月 28 日完成，正式转移至甲公司。乙公司取得对丙公司的20%股权后，向丙公司派遣1名董事替代原甲公司派遣的董事，能够对丙公司实施重大影响，丙公司成为乙公司的联营企业。丙公司的股权过户、董事更换、相关董事会决议和章程修订于2×20年6月30日完成并生效。2×20年6月30日，甲公司的长期股权投资的账面价值为630万元（其中投资成本670万元，损益调整-40万元）；乙公司专利权的账面价值为680万元（其中账面原价为800万元，累计摊销额为120万元）。

假设甲公司和乙公司此前均未对上述资产计提减值准备。丙公司自成立以来未发生其他综合收益变动。整个交易过程中未发生相关税费。

分析：本例中，整个资产交换过程没有涉及收付货币性资产，交换的资产为长期股权投资和无形资产，属于非货币性资产交换。

对甲公司来说，换入的专利权能够大幅度改善产品质量，通过生产高质量的产品并对外销售而产生现金流量，与换出的对丙公司的长期股权投资通过获得股利产生现金流量相比，其预计未来现金流量的风险、时间和金额均不相同，因而交换具有商业实质；对乙公司来说，换入的对丙公司的长期股权投资，使丙公司成为其联营企业，可通过参与丙公司的财务和经营政策等方式，对其实施重大影响，由此从丙公司活动中获取现金流量，与换出的专利权预计产生的未来现金流量的风险、时间和金额均不相同，因而交换具有商业实质。同时，两项资产的公允价值都能够可靠地计量，符合以公允价值为基础计量的条件。假设均没有确凿证据表明换入资产的公允价值更加可靠，按照本准则的规定，甲公司和乙公司均以换出资产的公允价值为基础确定换入资产的成本，并确认换出资产产生的损益。

由于因专利权和股权过户等原因导致换入资产和换出资产满足

确认条件和终止确认条件的时点存在短暂不一致,甲公司和乙公司按照重要性原则在2×20年6月30日进行会计处理。

甲公司的账务处理如下:

借:无形资产——专利权　　　　　　　　　　6 500 000
　　长期股权投资——损益调整　　　　　　　　400 000
　　贷:长期股权投资——投资成本　　　　　　6 700 000
　　　　投资收益　　　　　　　　　　　　　　　200 000

乙公司的账务处理如下:

借:长期股权投资——投资成本　　　　　　　6 500 000
　　累计摊销　　　　　　　　　　　　　　　1 200 000
　　资产处置损益　　　　　　　　　　　　　　300 000
　　贷:无形资产——专利权　　　　　　　　　8 000 000

(二) 涉及补价的情形

根据本准则的规定,对于以公允价值为基础计量的非货币性资产交换,涉及补价的,应当分别下列情况进行处理:

1. 支付补价方:(1)以换出资产的公允价值为基础计量的,应当以换出资产的公允价值,加上支付补价的公允价值和应支付的相关税费,作为换入资产的成本,换出资产的公允价值与其账面价值之间的差额计入当期损益。(2)有确凿证据表明换入资产的公允价值更加可靠的,即以换入资产的公允价值为基础计量的,应当以换入资产的公允价值和应支付的相关税费作为换入资产的初始计量金额,换入资产的公允价值减去支付补价的公允价值,与换出资产账面价值之间的差额计入当期损益。

2. 收到补价方:(1)以换出资产的公允价值为基础计量的,应当以换出资产的公允价值,减去收到补价的公允价值,加上应支付的相关税费,作为换入资产的成本,换出资产的公允价值与其账面价值之间的差额计入当期损益。(2)有确凿证据表明换入资产的公允价值更加可靠的,即以换入资产的公允价值为基础计量的,应当以换入资产的公允价值和应支付的相关税费作为换入资产的初始计量金额,换入资产的公允价值加上收到补价的公允价值,与换出资产账面价值之间的差额计入当期损益。

【例3】沿用【例1】,假设其他条件不变,合同约定甲公司用于交换的设备的公允价值为7.5万元,乙公司用于交换的办公家具的公允价值为9万元,甲公司以银行存款向乙公司支付补价1.5万元。甲公司开具的增值税专用发票注明的计税价格7.5万元,增值税额9 750元;乙公司开具的增值税专用发票注明的计税价格9万元,增值税额1.17万元;甲公司以银行存款向乙公司支付增值税差额1 950元。

分析:本例中,涉及收付货币性资产,应当计算货币性资产占整个资产交换的比例。对于甲公司,支付的货币性资产1.5万元占换入资产公允价值9万元(或换出资产公允价值7.5万元和支付的货币性资产1.5万元之和)的比例为16.67%<25%,属于非货币性资产交换。

甲公司的账务处理如下:

借:固定资产清理　　　　　　　　　　　　　　85 250
　　累计折旧　　　　　　　　　　　　　　　　26 000
　　贷:固定资产——设备　　　　　　　　　　100 000
　　　　银行存款　　　　　　　　　　　　　　 1 500
　　　　应交税费——应交增值税(销项税额)　 9 750
借:固定资产——办公家具　　　　　　　　　　90 000
　　应交税费——应交增值税(进项税额)　　　11 700
　　资产处置损益　　　　　　　　　　　　　　 500
　　贷:固定资产清理　　　　　　　　　　　　85 250

| 银行存款 | 16 950 |

对乙公司来说,相关收入应当按照《企业会计准则第14号——收入》的相关规定进行会计处理。具体账务处理参照【例1】中乙公司的账务处理。

【例4】沿用【例2】,假设其他条件不变,丙公司是上市公司,按照合同开始日的股票价格计算,丙公司的20%股权的公允价值为700万元。乙公司专利权的公允价值为650万元,系第三方报价机构使用乙公司自身数据通过估值技术确定的。由于甲公司迫切需要该专利权来提高产品质量,同意乙公司以银行存款支付补价40万元。2×20年6月30日,丙公司可辨认净资产公允价值为3 200万元。

分析:本例中,涉及收付货币性资产,应当计算货币性资产占整个资产交换的比例。补价40万元占整个资产交换金额的比例小于25%,属于非货币性资产交换。

由于用于交换的两项资产的公允价值均能够可靠地计量,企业应当考虑是否有确凿证据表明换入资产的公允价值更加可靠。由于丙公司是上市公司,其20%的股权的公允价值是基于股票价格计算的,其公允价值输入值的层次为第一层次,即活跃市场上未经调整的报价。乙公司专利权的公允价值是基于估值技术的评估值,其公允价值输入值的层次为第三层次。因此,对甲公司来说,应当以换出资产丙公司的20%股权的公允价值(700万元)减去收到的补价(40万元)作为换入资产专利权的成本(700万元-40万元=660万元),换出资产的公允价值与其账面价值之间的差额计入当期损益(700万元-630万元=70万元);对乙公司来说,有确凿证据表明换入资产丙公司的20%股权的公允价值更加可靠,应当以换入资产丙公司的20%股权的公允价值(700万元)作为其初始计量金额,换入资产的公允价值减去支付的补价,与换出资产专利权账面价值之间的差额计入当期损益（700万元－40万元－680万元＝－20万元）。

甲公司的账务处理如下：

借：无形资产——专利权　　　　　　　6 600 000
　　长期股权投资——损益调整　　　　　400 000
　　银行存款　　　　　　　　　　　　　400 000
　　贷：长期股权投资——投资成本　　　6 700 000
　　　　投资收益　　　　　　　　　　　700 000

乙公司的账务处理如下：

借：长期股权投资——投资成本　　　　7 000 000
　　累计摊销　　　　　　　　　　　　1 200 000
　　资产处置损益　　　　　　　　　　　200 000
　　贷：无形资产——专利权　　　　　　8 000 000
　　　　银行存款　　　　　　　　　　　400 000

（三）涉及换入多项资产或换出多项资产的情形

非货币性资产交换中，企业可以以一项非货币性资产同时换入另一企业的多项非货币性资产，或同时以多项非货币性资产换入另一企业的一项非货币性资产，或以多项非货币性资产同时换入另一企业的多项非货币性资产，这些交换也可能涉及补价。对于涉及换入或换出多项资产的非货币性资产交换的计量，企业同样应当首先判断是否符合本准则以公允价值为基础计量的两个条件，再按本准则的规定分别情况确定各项换入资产的初始计量金额，以及各项换出资产终止确认的相关损益。

涉及换入多项资产或换出多项资产的非货币性资产交换符合以公允价值为基础计量的，通常可以分为以下情形：

1. 以换出资产的公允价值为基础计量的。

（1）对于同时换入的多项资产，由于通常无法将换入资产与换出的某项特定资产相对应，应当按照各项换入资产的公允价值的相对比例（换入资产的公允价值不能够可靠计量的，可以按照各项换入资产的原账面价值的相对比例或其他合理的比例），将换出资产公允价值总额（涉及补价的，加上支付补价的公允价值或减去收到补价的公允价值）分摊至各项换入资产，以分摊额和应支付的相关税费作为各项换入资产的成本进行初始计量。需要说明的是，根据本准则规定，如果同时换入的多项非货币性资产中包含由《企业会计准则第22号——金融工具确认和计量》规范的金融资产，应当按照《企业会计准则第22号——金融工具确认和计量》的规定进行会计处理，在确定换入的其他多项资产的初始计量金额时，应当将金融资产公允价值从换出资产公允价值总额中扣除。

（2）对于同时换出的多项资产，应当将各项换出资产的公允价值与其账面价值之间的差额，在各项换出资产终止确认时计入当期损益。

2. 以换入资产的公允价值为基础计量的。

（1）对于同时换入的多项资产，应当以各项换入资产的公允价值和应支付的相关税费作为各项换入资产的初始计量金额。

（2）对于同时换出的多项资产，由于通常无法将换入资产与换出的某项特定资产相对应，应当按照各项换出资产的公允价值的相对比例（换出资产的公允价值不能够可靠计量的，可以按照各项换出资产的账面价值的相对比例），将换入资产的公允价值总额（涉及补价的，减去支付补价的公允价值或加上收到补价的公允价值）分摊至各项换出资产，分摊额与各项换出资产账面价值之间的差额，在各项换出资产终止确认时计入当期损益。需要说明的是，根据本准则规定，如果同时换出的多项非货币性资产中包含由《企业会计准则第22号——金融工具确认和计量》规范的金融资产，该金融资产应当按照《企业会计准则第22号——金融工具确认和计量》和《企业会计准则第23号——金融资产转移》的规定判断换出的该金融资产是否满足终止确认条件并进行终止确认的会计处理,在确定其他各项换出资产终止确认的相关损益时,应当将终止确认的金融资产公允价值从换入资产公允价值总额中扣除。

【例5】甲公司和乙公司均为增值税一般纳税人。经协商,甲公司和乙公司于2×20年1月25日签订资产交换合同,当日生效。合同约定,甲公司用于交换的资产包括:一间生产用厂房,公允价值为110万元;一幢自购入时就全部用于经营出租的公寓楼,公允价值为390万元。乙公司用于交换的资产包括:一块土地的使用权,公允价值为240万元;经营过程中使用的10辆货车,公允价值为300万元。甲公司以银行存款向乙公司支付补价40万元。双方于2×20年2月1日完成了资产交换手续。交换当日,甲公司的厂房的账面价值为120万元(其中账面原价为150万元,已计提折旧30万元),作为采用成本模式计量的投资性房地产的公寓楼的账面价值为360万元(其中账面原价为420万元,已计提折旧60万元),乙公司的土地使用权的账面价值为210万元(其中成本220万元,累计摊销额为10万元),10辆货车的账面价值为320万元(其中账面原价为400万元,已计提折旧80万元)。甲公司开具两张增值税专用发票,分别注明厂房的计税价格110万元、增值税额9.9万元;公寓楼的计税价格390万元、增值税额35.1万元。乙公司开具两张增值税专用发票,分别注明土地使用权的计税价格240万元、增值税额21.6万元;10辆货车的计税价格300万元、增值税额39万元。甲公司以银行存款向乙公司支付增值税差额15.6万元。交易过程中,甲公司用银行存款支付了土地使用权的契税及过户费用5万元,乙公司用银行存款分别支付了厂房和公寓楼的契税及过户费用3万元和10万元。

假设甲公司和乙公司此前均未对上述资产计提减值准备,上述资产交换后的用途不发生改变。不考虑其他税费。

分析:本例中,涉及收付货币性资产,应当计算货币性资产占整个资产交换的比例。补价40万元占整个资产交换金额540万元的比例为7.41%＜25%,属于非货币性资产交换。

本例中用于交换的厂房是通过在厂房使用寿命内与其他资产协同生产产品并对外销售而产生现金流量,公寓楼是通过经营出租并定期收取租金而产生稳定均衡的现金流量,土地使用权是通过在其上建造房屋后与房屋共同产生现金流量,货车是通过使用或提供服务而产生独立的现金流量,各项资产的未来现金流量在风险、时间和金额方面均明显不同,因而交换具有商业实质。同时,各项资产的公允价值都能够可靠地计量,符合以公允价值为基础计量的条件。假设均没有确凿证据表明换入资产的公允价值更加可靠,甲公司和乙公司均以换出资产的公允价值为基础确定各项换入资产的成本,并确认各项换出资产产生的损益。

甲公司的会计处理如下:

(1) 确定各项换入资产的初始计量金额。

换入资产	公允价值	换出资产公允价值总额+补价	分摊额	相关税费	初始计量金额
无形资产——土地使用权	2 400 000	不适用	2 400 000	50 000	2 450 000
固定资产——货车	3 000 000	不适用	3 000 000	0	3 000 000
合计	5 400 000	5 400 000	5 400 000	50 000	5 450 000

(2) 确定各项换出资产终止确认的相关损益。

换出资产	账面价值	公允价值	处置损益
固定资产——厂房	1 200 000	1 100 000	-100 000
投资性房地产	3 600 000	3 900 000	300 000
合计	4 800 000	5 000 000	200 000

（3）甲公司的账务处理如下：

①终止确认换出的厂房，转入固定资产清理。

借：固定资产清理　　　　　　　　　　　　　1 299 000
　　累计折旧——厂房　　　　　　　　　　　　 300 000
　　贷：固定资产——厂房　　　　　　　　　　　　1 500 000
　　　　应交税费——应交增值税（销项税额）　　　 99 000

②确认换入的土地使用权和货车，同时确认换出资产相关损益。

借：无形资产——土地使用权　　　　　　　　 2 400 000
　　固定资产——货车　　　　　　　　　　　　3 000 000
　　应交税费——应交增值税（进项税额）　　　 606 000
　　资产处置损益　　　　　　　　　　　　　　　100 000
　　贷：固定资产清理　　　　　　　　　　　　　　1 299 000
　　　　其他业务收入　　　　　　　　　　　　　　3 900 000
　　　　应交税费——应交增值税（销项税额）　　　351 000
　　　　银行存款　　　　　　　　　　　　　　　　 556 000

③确认换入的土地使用权的相关税费。

借：无形资产——土地使用权　　　　　　　　　 50 000
　　贷：银行存款　　　　　　　　　　　　　　　　　50 000

④终止确认换出的投资性房地产，结转其他业务成本。

借：其他业务成本　　　　　　　　　　　　　　3 600 000
　　投资性房地产累计折旧　　　　　　　　　　　600 000
　　贷：投资性房地产　　　　　　　　　　　　　　4 200 000

乙公司的会计处理如下：

（1）确定各项换入资产的初始计量金额。

换入资产	公允价值	换出资产公允价值总额-补价	分摊额	相关税费	初始计量金额
固定资产——厂房	1 100 000	不适用	1 100 000	30 000	1 130 000
投资性房地产	3 900 000	不适用	3 900 000	100 000	4 000 000
合计	5 000 000	5 000 000	5 000 000	130 000	5 130 000

(2) 确定各项换出资产终止确认的相关损益。

换出资产	账面价值	公允价值	处置损益
无形资产——土地使用权	2 100 000	2 400 000	300 000
固定资产——货车	3 200 000	3 000 000	-200 000
合计	5 300 000	5 400 000	100 000

(3) 乙公司的账务处理如下：

① 终止确认换出的10辆货车，转入固定资产清理。

借：固定资产清理　　　　　　　　　　　　3 590 000

　　累计折旧——货车　　　　　　　　　　　800 000

　　贷：固定资产——货车　　　　　　　　　　4 000 000

　　　　应交税费——应交增值税（销项税额）　390 000

② 确认换入的厂房和公寓楼，同时确认换出资产相关损益。

借：固定资产——厂房　　　　　　　　　　1 100 000

　　投资性房地产　　　　　　　　　　　　3 900 000

　　应交税费——应交增值税（进项税额）　　450 000

　　银行存款　　　　　　　　　　　　　　　556 000

　　累计摊销　　　　　　　　　　　　　　　100 000

　　贷：无形资产——土地使用权　　　　　　　2 200 000

　　　　应交税费——应交增值税（销项税额）　216 000

　　　　资产处置损益　　　　　　　　　　　　100 000

固定资产清理　　　　　　　　　　　　3 590 000

③确认换入的厂房和公寓楼的相关税费。

借：固定资产——厂房　　　　　　　　　30 000
　　投资性房地产　　　　　　　　　　　100 000
　　贷：银行存款　　　　　　　　　　　　　130 000

【例6】沿用【例5】，假设其他条件不变，合同约定甲公司用于交换的资产还包括一项对P公司的股票投资，甲公司将该投资作为交易性金融资产核算。该股票投资在2×20年1月25日的公允价值为30万元，账面价值为25万元。由于该股票有较好的前景，按合同约定甲公司向乙公司支付补价8万元。

分析：本例中，沿用【例5】的分析，甲公司和乙公司均以换出资产的公允价值为基础确定各项换入资产的成本，并确认各项换出资产产生的损益。另外，甲公司和乙公司用于交换的非货币性资产中包含交易性金融资产，属于由《企业会计准则第22号——金融工具确认和计量》规范的金融资产。甲公司和乙公司应按照《企业会计准则第22号——金融工具确认和计量》和《企业会计准则第23号——金融资产转移》的规定分别对换出和换入的交易性金融资产进行会计处理。

甲公司的会计处理如下：

（1）确定各项换入资产的初始计量金额。

换入资产	公允价值	换出资产公允价值总额＋补价	分摊金额	相关税费	初始计量金额
无形资产——土地使用权	2 400 000	不适用	2 391 100	50 000	2 441 100
固定资产——货车	3 000 000	不适用	2 988 900	0	2 988 900
合计	5 400 000	5 380 000	5 380 000	50 000	5 430 000

（2）确定各项换出资产终止确认的相关损益。

《企业会计准则第 7 号——非货币性资产交换》应用指南 2019

换出资产	账面价值	公允价值	处置损益
交易性金融资产——P 公司股票*	250 000	300 000	50 000
固定资产——厂房	1 200 000	1 100 000	-100 000
投资性房地产	3 600 000	3 900 000	300 000
合计	5 050 000	5 300 000	250 000

* 注：假定根据《企业会计准则第 22 号——金融工具确认和计量》和《企业会计准则第 23 号——金融资产转移》的相关规定，换出的"交易性金融资产——P 公司股票"满足整体终止确认的条件，甲公司应当按照上述准则的规定对终止确认进行会计处理。

（3）甲公司的账务处理：略。

乙公司的会计处理如下：

（1）确定各项换入资产的初始计量金额。

乙公司换入的多项资产中包含由《企业会计准则第 22 号——金融工具确认和计量》规范的交易性金融资产，应当按照《企业会计准则第 22 号——金融工具确认和计量》的规定进行会计处理。乙公司在确定换入的其他多项资产的初始计量金额时，应当将该金融资产公允价值从换出资产公允价值总额（涉及补价的，加上支付补价的公允价值或减去收到补价的公允价值）中扣除。

用于分摊的金额计算如下：

换出资产的公允价值	无形资产——土地使用权	2 400 000
	固定资产——货车	3 000 000
换出资产的公允价值总额		5 400 000
减：收到的补价		-80 000
		5 320 000
减：换入的金融资产的公允价值		-300 000
用于分摊的金额		5 020 000

分摊的计算过程如下：

换入资产	公允价值	用于分摊的金额	分摊金额	相关税费	初始计量金额
固定资产——厂房	1 100 000	不适用	1 104 400	30 000	1 134 400
投资性房地产	3 900 000	不适用	3 915 600	100 000	4 015 600
合计	5 000 000	5 020 000	5 020 000	130 000	5 150 000
交易性金融资产——P公司股票	300 000	不适用	不适用	0	300 000

（2）确定各项换出资产终止确认的相关损益。

同【例5】，此处略。

（3）乙公司的账务处理：略。

七、关于以账面价值为基础计量

根据本准则的规定,当非货币性资产交换不满足本准则规定的以公允价值为基础计量的条件时,即非货币性资产交换不具有商业实质,或者虽然具有商业实质但换入资产和换出资产的公允价值均不能可靠计量的,企业应当以账面价值为基础计量。

(一)会计处理原则

1. 对于换入资产,应当以换出资产的账面价值和应支付的相关税费作为换入资产的初始计量金额。

2. 对于换出资产,终止确认时不确认损益。

【例7】甲公司是一家制药公司,因经营战略发生重大转变,将专注于疫苗的生产和销售,其拥有的一项生产抗生素的专利权难以满足新的经营战略。乙公司也是一家制药公司,正在开展一系列抗生素方面的新业务。2×20年3月30日,甲公司和乙公司协商后决定,甲公司将其抗生素的专利权转让给乙公司,作为交换,乙公司将其刚申请专利的一项传染病疫苗配方转让给甲公司,由其进行生产推广。当日,甲公司换出的抗生素专利权的账面价值为45万元(其中账面原价为60万元,累计摊销额为15万元);乙公司刚申请专利的传染病疫苗已转为无形资产核算,账面价值为50万元,尚未进行摊销。假设两项专利权的公允价值不能可靠计量。

假设整个交易过程中没有发生相关税费。双方取得专利权后仍分别作为无形资产核算。

分析:本例中,整个资产交换过程没有涉及收付货币性资产,交换的资产为无形资产,属于非货币性资产交换。由于用于交换的两项药物专利权的公允价值不能可靠地计量,因此甲公司和乙公司均应当以换出资产的账面价值为基础确定换入资产的初始计量金额，换出资产不确认损益。

甲公司的账务处理如下：

借：无形资产——传染病疫苗专利权　　　450 000
　　累计摊销——抗生素专利权　　　　　150 000
　　贷：无形资产——抗生素专利权　　　　　　600 000

乙公司的账务处理如下：

借：无形资产——抗生素专利权　　　　　500 000
　　贷：无形资产——传染病疫苗专利权　　　　500 000

（二）涉及补价的情形

根据本准则的规定，对于以账面价值为基础计量的非货币性资产交换，涉及补价的，应当将补价作为确定换入资产初始计量金额的调整因素，分别下列情况进行处理：

1. 支付补价方：应当以换出资产的账面价值，加上支付补价的账面价值和应支付的相关税费，作为换入资产的初始计量金额，不确认损益。

2. 收到补价方：应当以换出资产的账面价值，减去收到补价的公允价值，加上应支付的相关税费，作为换入资产的初始计量金额，不确认损益。

（三）涉及换入多项资产或换出多项资产的情形

对于以账面价值为基础计量的非货币性资产交换，如涉及换入多项资产或换出多项资产，或者同时换入和换出多项资产的，应当分别对换入的多项资产、换出的多项资产进行会计处理。

1. 对于换入的多项资产，由于通常无法将换出资产与换入的某项特定资产相对应，应当按照各项换入资产的公允价值的相对比例

（换入资产的公允价值不能够可靠计量的，也可以按照各项换入资产的原账面价值的相对比例或其他合理的比例），将换出资产的账面价值总额（涉及补价的，加上支付补价的账面价值或减去收到补价的公允价值）分摊至各项换入资产，加上应支付的相关税费，作为各项换入资产的初始计量金额。

2. 对于同时换出的多项资产，各项换出资产终止确认时均不确认损益。

【例8】沿用【例7】，假设其他条件不变，甲公司和乙公司进行专利权交换的同时，甲公司还将一套抗生素生产专用设备转移给乙公司，乙公司将一套专门用于传染病疫苗存储的设备转移给甲公司。2×20年3月30日，甲公司换出的专用设备的账面价值为420万元（其中账面原价为500万元，已计提折旧80万元），乙公司换出的疫苗存储设备账面价值为400万元（其中账面原价为700万元，已计提折旧300万元）。假设两项设备均为自行研究制造的专用设备，其公允价值不能可靠计量。

分析：本例中，由于用于交换的两项药物专利和两套设备的公允价值均不能可靠地计量，因此甲公司和乙公司均应当以换出资产的账面价值为基础确定换入资产的初始计量金额，换出资产不确认损益。对于同时换入的多项资产，由于换入资产的公允价值不能可靠地计量，甲公司和乙公司均按照各项换入资产的原账面价值的相对比例，将换出资产的账面价值总额分摊至各项换入资产，作为各项换入资产的初始计量金额。对于同时换出的多项资产，终止确认时按照账面价值转销，不确认损益。

甲公司的会计处理如下：

(1) 确定各项换入资产的初始计量金额。

七、关于以账面价值为基础计量

换入资产	在换出方的原账面价值	换出资产账面价值	初始计量金额
无形资产——传染病疫苗专利权	500 000	不适用	516 667
固定资产——疫苗存储设备	4 000 000	不适用	4 133 333
合计	4 500 000	4 650 000	4 650 000

（2）对于同时换出的多项资产，终止确认时按照账面价值转销，不确认损益。

（3）甲公司的账务处理如下：

借：固定资产清理　　　　　　　　　　　　4 200 000
　　累计折旧——抗生素专用设备　　　　　　800 000
　　贷：固定资产——抗生素专用设备　　　　5 000 000
借：无形资产——传染病疫苗专利权　　　　　516 667
　　固定资产——疫苗存储设备　　　　　　4 133 333
　　累计摊销——抗生素专利权　　　　　　　150 000
　　贷：无形资产——抗生素专利权　　　　　600 000
　　　　固定资产清理　　　　　　　　　　4 200 000

乙公司的会计处理如下：

（1）确定各项换入资产的初始计量金额。

换入资产	在换出方的原账面价值	换出资产账面价值	初始计量金额
无形资产——抗生素专利权	450 000	不适用	435 484
固定资产——抗生素专用设备	4 200 000	不适用	4 064 516
合计	4 650 000	4 500 000	4 500 000

（2）对于同时换出的多项资产，终止确认时按照账面价值转销，不确认损益。

（3）乙公司的账务处理如下：

借：固定资产清理　　　　　　　　　　　　4 000 000

　　　　累计折旧——疫苗存储设备　　　　　　3 000 000
　　　　　贷：固定资产——疫苗存储设备　　　　　　7 000 000
　　借：无形资产——抗生素专利权　　　　　　　435 484
　　　　固定资产——抗生素专用设备　　　　　　4 064 516
　　　　　贷：无形资产——传染病疫苗专利权　　　 500 000
　　　　　　　固定资产清理　　　　　　　　　　4 000 000

八、关于非货币性资产交换的披露

本准则规定，企业应当在附注中披露有关非货币性资产交换的下列信息：（1）非货币性资产交换是否具有商业实质及其原因；（2）换入资产、换出资产的类别；（3）换入资产初始计量金额的确定方式；（4）换入资产、换出资产的公允价值以及换出资产的账面价值；（5）非货币性资产交换确认的损益。

需要说明的是，在披露非货币性资产交换是否具有商业实质的原因时，如果能够通过定性分析即可得出结论认定换入资产的未来现金流量在风险、时间或金额方面与换出资产显著不同，交换因而具有商业实质，则应当披露定性分析中所考虑的相关因素和相关结论。在这种情况下，不需要进一步披露使用换入资产和继续使用换出资产所产生的预计未来现金流量现值，以及通过计算进行的定量分析。如果难以通过定性分析直接得出结论认定非货币性资产交换具有商业实质，则应当披露使用换入资产进行相关经营的预计未来现金流量现值和继续使用换出资产进行相关经营的预计未来现金流量现值，以及相关的定量分析和结论。

九、关于新旧准则的衔接规定

本准则自 2019 年 6 月 10 日起施行。本准则规定，2006 年 2 月 15 日财政部印发的《财政部关于印发〈企业会计准则第 1 号——存货〉等 38 项具体准则的通知》（财会〔2006〕3 号）中的《企业会计准则第 7 号——非货币性资产交换》同时废止。财政部此前发布的有关非货币性资产交换会计处理规定与本准则不一致的，以本准则为准。

根据本准则的规定，企业对 2019 年 1 月 1 日至本准则施行日之间发生的非货币性资产交换，应根据本准则进行调整，视同从 2019 年 1 月 1 日起按照本准则进行会计处理，以确保在 2019 年度对非货币性资产交换业务采用的会计处理方法保持一致。企业对 2019 年 1 月 1 日之前发生的非货币性资产交换，不需要按照本准则的规定进行追溯调整。

附录一

企业会计准则第 7 号
——非货币性资产交换

(2019 年 5 月 9 日　财会〔2019〕8 号)

第一章　总　　则

第一条　为了规范非货币性资产交换的确认、计量和相关信息的披露，根据《企业会计准则——基本准则》，制定本准则。

第二条　非货币性资产交换，是指企业主要以固定资产、无形资产、投资性房地产和长期股权投资等非货币性资产进行的交换。该交换不涉及或只涉及少量的货币性资产（即补价）。

货币性资产，是指企业持有的货币资金和收取固定或可确定金额的货币资金的权利。

非货币性资产，是指货币性资产以外的资产。

第三条　本准则适用于所有非货币性资产交换，但下列各项适用其他相关会计准则：

（一）企业以存货换取客户的非货币性资产的，适用《企业会计准则第 14 号——收入》。

（二）非货币性资产交换中涉及企业合并的，适用《企业会计准则第 20 号——企业合并》《企业会计准则第 2 号——长期股权投资》和《企业会计准则第 33 号——合并财务报表》。

（三）非货币性资产交换中涉及由《企业会计准则第 22 号——金融工具确认和计量》规范的金融资产的，金融资产的确认、终止确认和计量适用《企业会计准则第 22 号——金融工具确认和计量》和《企业会计准则第 23 号——金融资产转移》。

（四）非货币性资产交换中涉及由《企业会计准则第 21 号——租赁》规范的使用权资产或应收融资租赁款等的，相关资产的确认、终止确认和计量适用《企业会计准则第 21 号——租赁》。

（五）非货币性资产交换的一方直接或间接对另一方持股且以股东身份进行交易的，或者非货币性资产交换的双方均受同一方或相同的多方最终控制，且该非货币性资产交换的交易实质是交换的一方向另一方进行了权益性分配或交换的一方接受了另一方权益性投入的，适用权益性交易的有关会计处理规定。

第二章　确　　认

第四条　企业应当分别按照下列原则对非货币性资产交换中的换入资产进行确认，对换出资产终止确认：

（一）对于换入资产，企业应当在换入资产符合资产定义并满足资产确认条件时予以确认；

（二）对于换出资产，企业应当在换出资产满足资产终止确认条件时终止确认。

第五条　换入资产的确认时点与换出资产的终止确认时点存在不一致的，企业在资产负债表日应当按照下列原则进行处理：

（一）换入资产满足资产确认条件，换出资产尚未满足终止确认条件的，在确认换入资产的同时将交付换出资产的义务确认为一项负债。

（二）换入资产尚未满足资产确认条件，换出资产满足终止确认条件的，在终止确认换出资产的同时将取得换入资产的权利确认为一项资产。

第三章　以公允价值为基础计量

第六条　非货币性资产交换同时满足下列条件的，应当以公允价值为基础计量：

（一）该项交换具有商业实质；

（二）换入资产或换出资产的公允价值能够可靠地计量。

换入资产和换出资产的公允价值均能够可靠计量的，应当以换出资产的公允价值为基础计量，但有确凿证据表明换入资产的公允价值更加可靠的除外。

第七条　满足下列条件之一的非货币性资产交换具有商业实质：

（一）换入资产的未来现金流量在风险、时间分布或金额方面与换出资产显著不同。

（二）使用换入资产所产生的预计未来现金流量现值与继续使用换出资产不同，且其差额与换入资产和换出资产的公允价值相比是重大的。

第八条　以公允价值为基础计量的非货币性资产交换，对于换入资产，应当以换出资产的公允价值和应支付的相关税费作为换入资产的成本进行初始计量；对于换出资产，应当在终止确认时，将换出资产的公允价值与其账面价值之间的差额计入当期损益。

有确凿证据表明换入资产的公允价值更加可靠的，对于换入资产，应当以换入资产的公允价值和应支付的相关税费作为换入资产的初始计量金额；对于换出资产，应当在终止确认时，将换入资产的公允价值与换出资产账面价值之间的差额计入当期损益。

第九条 以公允价值为基础计量的非货币性资产交换，涉及补价的，应当按照下列规定进行处理：

（一）支付补价的，以换出资产的公允价值，加上支付补价的公允价值和应支付的相关税费，作为换入资产的成本，换出资产的公允价值与其账面价值之间的差额计入当期损益。

有确凿证据表明换入资产的公允价值更加可靠的，以换入资产的公允价值和应支付的相关税费作为换入资产的初始计量金额，换入资产的公允价值减去支付补价的公允价值，与换出资产账面价值之间的差额计入当期损益。

（二）收到补价的，以换出资产的公允价值，减去收到补价的公允价值，加上应支付的相关税费，作为换入资产的成本，换出资产的公允价值与其账面价值之间的差额计入当期损益。

有确凿证据表明换入资产的公允价值更加可靠的，以换入资产的公允价值和应支付的相关税费作为换入资产的初始计量金额，换入资产的公允价值加上收到补价的公允价值，与换出资产账面价值之间的差额计入当期损益。

第十条 以公允价值为基础计量的非货币性资产交换，同时换入或换出多项资产的，应当按照下列规定进行处理：

（一）对于同时换入的多项资产，按照换入的金融资产以外的各项换入资产公允价值相对比例，将换出资产公允价值总额（涉及补价的，加上支付补价的公允价值或减去收到补价的公允价值）扣除换入金融资产公允价值后的净额进行分摊，以分摊至各项换入资产的金额，加上应支付的相关税费，作为各项换入资产的成本进行初始计量。

有确凿证据表明换入资产的公允价值更加可靠的，以各项换入资产的公允价值和应支付的相关税费作为各项换入资产的初始计量金额。

（二）对于同时换出的多项资产，将各项换出资产的公允价值与其账面价值之间的差额，在各项换出资产终止确认时计入当期损益。

有确凿证据表明换入资产的公允价值更加可靠的，按照各项换出资产的公允价值的相对比例，将换入资产的公允价值总额（涉及补价的，减去支付补价的公允价值或加上收到补价的公允价值）分摊至各项换出资产，分摊至各项换出资产的金额与各项换出资产账面价值之间的差额，在各项换出资产终止确认时计入当期损益。

第四章 以账面价值为基础计量

第十一条 不满足本准则第六条规定条件的非货币性资产交换，应当以账面价值为基础计量。对于换入资产，企业应当以换出资产的账面价值和应支付的相关税费作为换入资产的初始计量金额；对于换出资产，终止确认时不确认损益。

第十二条 以账面价值为基础计量的非货币性资产交换，涉及补价的，应当按照下列规定进行处理：

（一）支付补价的，以换出资产的账面价值，加上支付补价的账面价值和应支付的相关税费，作为换入资产的初始计量金额，不确认损益。

（二）收到补价的，以换出资产的账面价值，减去收到补价的公允价值，加上应支付的相关税费，作为换入资产的初始计量金额，不确认损益。

第十三条 以账面价值为基础计量的非货币性资产交换，同时换入或换出多项资产的，应当按照下列规定进行处理：

（一）对于同时换入的多项资产，按照各项换入资产的公允价值的相对比例,将换出资产的账面价值总额(涉及补价的,加上支付补价的账面价值或减去收到补价的公允价值)分摊至各项换入资产,加上应支付的相关税费,作为各项换入资产的初始计量金额。换入资产的公允价值不能够可靠计量的,可以按照各项换入资产的原账面价值的相对比例或其他合理的比例对换出资产的账面价值进行分摊。

(二)对于同时换出的多项资产,各项换出资产终止确认时均不确认损益。

第五章 披 露

第十四条 企业应当在附注中披露与非货币性资产交换有关的下列信息:

(一)非货币性资产交换是否具有商业实质及其原因。
(二)换入资产、换出资产的类别。
(三)换入资产初始计量金额的确定方式。
(四)换入资产、换出资产的公允价值以及换出资产的账面价值。
(五)非货币性资产交换确认的损益。

第六章 衔 接 规 定

第十五条 企业对2019年1月1日至本准则施行日之间发生的非货币性资产交换,应根据本准则进行调整。企业对2019年1月1日之前发生的非货币性资产交换,不需要按照本准则的规定进行追溯调整。

第七章 附 则

第十六条 本准则自 2019 年 6 月 10 日起施行。

第十七条 2006 年 2 月 15 日财政部印发的《财政部关于印发〈企业会计准则第 1 号——存货〉等 38 项具体准则的通知》（财会〔2006〕3 号）中的《企业会计准则第 7 号——非货币性资产交换》同时废止。

财政部此前发布的有关非货币性资产交换会计处理规定与本准则不一致的，以本准则为准。

附录二

《企业会计准则第 7 号——非货币性资产交换》修订说明

一、本准则的修订背景

2006 年 2 月，财政部发布了《企业会计准则第 7 号——非货币性资产交换》（财会〔2006〕3 号，以下简称原准则）。原准则对于规范实务中非货币性资产交换交易的会计处理，发挥了积极的指导作用。但近年来，随着经济业务日益复杂，原准则及其应用指南在实施中存在的问题逐渐显现，我们陆续收到实务界提出修改完善原准则的意见和建议，为此，有必要对原准则进行相应修订，以更好地指导实务操作。修订原准则的主要原因包括：

一是保持准则体系的内在协调。2017 年，财政部发布新的《企业会计准则第 14 号——收入》（以下简称新收入准则）以及《企业会计准则第 22 号——金融工具确认和计量》《企业会计准则第 23 号——金融资产转移》和《企业会计准则第 37 号——金融工具列报》（以下简称新金融工具准则）等准则，对相关业务提出新的规范要求。为了与上述新发布的其他会计准则在会计处理原则方面相协调，有必要修订原准则。

二是进一步规范非货币性资产交换相关业务。针对实务中存在的有关问题，例如，非货币性资产交换中涉及企业合并的适用准则、非货币性资产交换中涉及金融工具的适用准则、换入和换出资产时点不明确、缺少有确凿证据表明换入资产公允价值更加可靠情形下的会计处理原则等问题，有必要通过修订原准则加以规范，更好地指导实务操作。

三是避免对多项准则反复修订。原准则对非货币性资产交换中的换入资产和换出资产的确认和计量原则进行了规定，便于实务操作。如果废止该准则，则需要逐一修订存货、长期股权投资、固定资产、无形资产、投资性房地产、生物资产等多项准则。为了保持准则体系的稳定性，避免反复修订其他准则，有必要修订而不宜废止该准则。

为提高会计信息质量，进一步规范非货币性资产交换的确认、计量和相关信息的披露，切实解决我国企业相关会计实务问题，维护会计准则体系内在协调一致性，我们结合我国实际情况，同时保持与国际财务报告准则的持续趋同，对原准则进行了修订，并于2019年5月发布了《企业会计准则第7号——非货币性资产交换》（财会〔2019〕8号，以下简称本准则）。

二、本准则的修订过程

基于我国企业和资本市场发展的实际需要，我们于2018年着手启动了本准则的研究和修订工作。在本准则修订过程中，我们严格遵循我国会计准则制定程序，开展了扎实系统的前期研究，通过专题座谈会、实地调研、问卷调查、公开征求意见等方式充分听取各方意见和建议，同时也与国际会计准则理事会就涉及的具体技术问题充分沟通和探讨。2019年1月22日，我部印发了《企业会计准则第7号——非货币性资产交换（修订）（征求意见稿）》（以下简称征求意见稿），向社会公开征求意见。截至 2019 年 4 月 1 日，我们共收到反馈意见 52 份。反馈意见总体支持对原准则进行修订，同时对非货币性资产交换定义、准则适用范围、换入资产和换出资产的确认和计量原则、非货币性资产交换的披露、衔接规定等提出了很好的意见和建议。我们对所有反馈意见进行了深入系统地归纳整理和分析，认真研究并充分吸收了反馈意见提出的意见和建议。在此基础上，我们对征求意见稿进行了修订完善，并根据我国会计准则制定程序依次形成准则草案、送审稿，经批准通过后正式发布。

本准则于 2019 年 5 月 9 日正式发布，自 2019 年 6 月 10 日起在所有执行企业会计准则的企业范围内施行。本准则发布后，2006 年 2 月 15 日财政部印发的《财政部关于印发〈企业会计准则第 1 号——存货〉等 38 项具体准则的通知》（财会〔2006〕3 号）中的《企业会计准则第 7 号——非货币性资产交换》同时废止，财政部此前发布的有关非货币性资产交换会计处理规定与本准则不一致的，以本准则为准。

三、关于非货币性资产交换的定义

原准则对非货币性资产交换的定义中提到"交易双方"。实务中有观点认为，该表述意味着交易双方必须同时用非货币性资产进行交换，才能符合非货币性资产交换的定义，从而导致可能因交易对方的换入资产或换出资产不是非货币性资产的情形使本企业也无法适用本准则，其会计处理缺乏依据。因此，本准则修改了非货币性资产交换的定义，删除"交易双方"的表述。通常情况下，交易双方对于某项交易是否为非货币性资产交换的判断是一致的，仅在个别情况下可能会不一致。企业应从自身的角度，根据交易的实质判断相关交易是否属于本准则定义的非货币性资产交换，不应基于交易双方的情况进行判断。例如,投资方以一项固定资产出资取得对被投资方的权益性投资,对投资方来说,换出资产为固定资产,换入资产为长期股权投资,属于非货币性资产交换;对于被投资方来说,则是接受换入的实物资产,属于接受权益性投资,不属于非货币性资产交换。

四、关于本准则的适用范围

原准则没有对准则的适用范围进行规范,从而导致因准则适用范围不清而带来实务差异。本准则明确了准则的适用范围,将应遵循其他准则的交易排除在外,保持准则内在体系的协调。其中:

《企业会计准则第14号——收入》对企业因转让存货取得非现金对价情形的会计处理作出了规范。因此,企业以存货换取客户的非货币性资产的,相关收入的会计处理适用《企业会计准则第14号——收入》。

《企业会计准则第20号——企业合并》对企业合并的合并成本的确定以及企业合并中取得的资产和负债的确认和计量等作出了规范;《企业会计准则第2号——长期股权投资》对企业合并中合并方或购买方的长期股权投资的确认和计量等作出了规范;《企业会计准则第33号——合并财务报表》对出售方丧失对被投资方控制权的会计处理等问题作出了规范。因此,非货币性资产交换中涉及企业合并的,适用《企业会计准则第20号——企业合并》《企业会计准则第2号——长期股权投资》和《企业会计准则第33号——合并财务报表》。

《企业会计准则第22号——金融工具确认和计量》对金融资产的确认、终止确认和计量等作出了规范。因此,非货币性资产交换中涉及由《企业会计准则第22号——金融工具确认和计量》规范的金融资产的,金融资产的确认、终止确认和计量适用《企业会计准则第22

号——金融工具确认和计量》和《企业会计准则第 23 号——金融资产转移》。

《企业会计准则第 21 号——租赁》对使用权资产和应收融资租赁款的确认、终止确认和计量等作出了规范。因此，非货币性资产交换中涉及由《企业会计准则第 21 号——租赁》规范的使用权资产或应收融资租赁款等的，相关资产的确认、终止确认和计量适用《企业会计准则第 21 号——租赁》。

关联方之间发生的非货币性资产交换，交易实质是交换的一方向另一方进行了权益性分配或交换的一方接受了另一方权益性投入的，属于权益性交易，不在本准则规范范围内。

五、关于换入资产和换出资产的确认时点

原准则没有对换入资产和换出资产的确认时点进行规范，导致实务差异。本准则规范了非货币性资产交换中换入资产的确认时点和换出资产的终止确认时点，即换入资产应当在符合资产定义并满足相关准则规定的资产确认条件时予以确认，换出资产应当在满足相关准则规定的资产终止确认条件时终止确认。本准则还规范了换入资产的确认时点与换出资产终止确认时点不一致情况下在资产负债表日的会计处理原则。

六、关于以公允价值为基础计量的非货币性资产交换

（一）关于换入资产的初始计量

现行准则体系中，以其他方式取得的存货、固定资产、无形资产、投资性房地产和长期股权投资等金融资产以外的非货币性资

一般以成本计量。与其他准则的原则保持一致，本准则规定，以公允价值为基础计量的非货币性资产交换，换入资产以换出资产的公允价值为基础进行计量（即换入资产的成本），但有确凿证据表明换入资产的公允价值更加可靠的除外。

由于实务中可能存在有确凿证据表明换入资产的公允价值更加可靠的情形，本准则同时规范了以换入资产的公允价值为基础进行会计处理的原则。

（二）关于相关损益的计量

为保持准则体系的内在协调，参照《企业会计准则第14号——收入》对存货销售取得非现金对价的处理原则，换出资产应当按照对价的公允价值计量处置损益，即以换入资产（收到对价）的公允价值作为计量处置损益的基础，若换入资产的公允价值不能合理估计的，则以换出资产的公允价值作为计量处置损益的基础。

按照上述原则，换入资产以换出资产的公允价值为基础计量，换入资产公允价值与换出资产账面价值之间的差额为换出资产的处置损益。当换出资产公允价值和换入资产公允价值之间存在差额时，该差额即为因交换资产而产生的损益。实务中，公平交易中的换入资产和换出资产的公允价值应当相等，通常即便不等也差异不大（即，因交换资产而产生的损益通常不重大），但若要单独区分出因交换资产而产生的损益，则企业为此须花费较大成本去同时获取换入资产和换出资产两项公允价值。考虑到因交换资产而产生的损益通常不重大，且和换出资产的处置损益最终都将反映在利润表中，即使企业花费较大成本将两项损益进行区分，报表使用者从该信息中获得的收益也极为有限，因此，为了简化实务操作，本准则不要求区分换出资产的处置损益和因交换资产而产生的损益，而是将二者合并作为换出资产的处置损益处理。即，企业以换出资产的公允价值作为换入资产初始计量基础的同时,将换出资产的公允价值与其账面价值之间的差额计入当期损益。

七、关于补价的计量

非货币性资产交换中的补价是货币性资产,应以公允价值计量。根据本准则的规定,收到补价的,无论交易是否具有商业实质,补价都应当以公允价值计量;支付补价的,在没有商业实质的交易中,补价应当和其他换出资产的处理原则一致。

八、关于非货币性资产交换的披露

本准则在原准则的披露要求上增加了"非货币性资产交换是否具有商业实质及其原因",为财务报表使用者提供关于非货币性资产交换的更多相关信息。